Hugues de Jubécourt

Bouts de chemins vers l'éternité...

Poésie

BOUTS DE CHEMINS
vers l'éternité...

Sommaire

Mots pour l'éternité : page 11

Chapitre I : Souffrance
page 12

Pluie sur le causse : page 13
Malgré la nuit : page 15
Je ne sais plus : page 17
D'eau et de sang : page 19
Solitude : page 20
Ouvrir les portes : page 21
Mes mains, mon cœur : page 22
Le vent l'emporte : page 23
Partir : page 25
Sur ma route : page 27
Cœur perdu : page 29
Matin seul : page 30
Quand : page 31

Chapitre II : Errance
page 33

Poids des jours : page 34
Le laminoir : page 36
Je pleure encore, il m'en souvient : page 38
Vertige : page 41
Lâcher prise : page 42
La clé : page 43
Derrière et devant : page 44
Creuset : page 45
Corps et cœur libérés : page 46
Terre et ciel : page 47
Il n'est Il est : page 48
L'art est un cri : page 49
Fatigue : page 51
Vieille compagne : page 53
Mon kiné : page 54

Chapitre III : Patience
page 55

Cœur nu : page 56
Cœur fou : page 57
Je voudrais si tu veux : page 58
Flamme : page 59
Chant d'éternité : page 60
Choix de vie : page 61
Offert : page 62
Chant d'espoir : page 63
Avant qu'il ne soit tard : page 64
Avec vous : page 65
Du désir à l'amour : page 66
Un matin de douceur : page 67
Jardin secret : page 68
Je te veux ! Tu me veux ! : page 69
Tes lèvres : page 70
Dimanche matin : page 71

Chapitre IV : Paysages et voyages
page 73

L'Aveyron : page 74
L'Aveyron dans son noble val : page 75
Le pont, l'Aveyron, la lune et le beffroi : page 77
Douceur d'été à Saint Antonin Noble Val : page 78
En passant par Sète : page 80
Salon du livre de la ronde des artistes peintres de Mazargues : page 81
Sonnet pour Monpazier en Périgord : page 82
Mistral sur le port de Cassis : page 83
L'Étang rebelle : page 84
La Tremblade : page 86
Jas de Méry : page 87
Fort Saint Jean : page 88
En passant par l'Étang : page 89
Carcassonne : page 91
TGV : page 93
Ta-tam ! Ta-tam ! : page 94
Autan en apporte ce vent : page 95
Les martinets : page 96
Bel oiseau : page 98
L'arbre mort : page 99
Froid : page 100
Pluie : page 101
Sous le manteau de la nuit : page 102
Chaleur : page 104
Cri : page 106

Chapitre V : Quelques surprises
page 107

7 fois Sète : page 108
Quelques bruits qui courent en silence : page 110
Consternation ! : page 112
Contentons-nous de conter : page 114
Jour et nuit : page 116
Tonton tenté : page 119
Y a un truc dans le troc : page 121
Le poète a pondu : page 122

Mots pour l'éternité

Mes mots sont toujours là, blottis tout contre vous,
Vous pouvez les sentir qui battent entre nous.
Mes mots sont encore là, tapis dans mon bureau,
Ils soutiennent les murs et portent les échos.

Mes mots silencieux résonnent en mon corps,
Je les entends oser se dresser en mon for,
Chanter dans les galets qui roulent vers la mer,
Caressant l'air doré, gonflant le sable clair.

Mes mots sont étalés, aux tags des murs tout nus,
Enjambés par les vents sans le moindre regret.
Ils se cachent souvent ainsi que les reflets
Qui avalent le temps sous les regards perdus.

Mes mots sont fatigués, tristesse d'un vieux soir,
Rock'n'roll et boogie, au tempo des guitares,
Batterie, roulements, sons électroniques,
Du Ciel naissent mes mots pétris de musique.

Mes mots partis au loin, poussés par les années,
Rescapés de la mort car ce n'est pas leur fin,
Devenus doux et forts, pétris par les chagrins,
Seront-ils bons et purs, prêts pour l'éternité ?

BOUTS DE CHEMIN vers l'éternité

I Souffrance

*Il n'y a pas d'amour sans souffrance,
Mais il y a de la souffrance sans amour...*

Pluie sur le causse
Pluie dans mon cœur

Pluie sur le causse gris, sur les chemins trop vieux
Au hasard des murets, au détour des hameaux
Sur les ruines d'hier et sous les toits très pieux
Refuge du silence, chanté par des crapauds.

Pluie sur les chênes noirs, sur les troncs ruisselants
Sur les branches penchées, les feuillages abattus,
Sur les bories voûtées visitées par le vent
Incertain et pressé le long des chemins nus.

Pluie dans mon cœur, dans mon esprit et ma pensée
Pluie qui délave tout et qui coule sans fin
Emportant toute joie et toute vie rêvée
Pour me laisser pleurer mon amour qui s'éteint.

Je ne suis plus pour toi qu'un bonheur dépassé
Un amour impotent que tu portes pour nous.
Tu voudrais me tenir et m'amener au bout,
Mais moi je vais partir, tout sera dérangé.

*Mes souvenirs fanés je les ai balancés
Car je sens que la vie me saisit à nouveau
Qu'un immense désir m'entraîne vers les flots
Vers des caps inconnus où je veux m'élancer.*

*Je chante l'agonie d'un amour qui n'est plus
Qu'un semblant de ces jours que prenaient pour le ciel
Ceux qui voyaient en nous le bonheur éternel
Quand ne s'y trouve plus que l'ombre du salut.*

*Je ne veux pas bâtir en regardant au loin
La dernière prison où je serai soigné
Tant que le Père voudra j'accueillerai sa main
Qui me tiendra debout et me fera aimer.*

Car j'aime et j'aimerai toujours !

Malgré la nuit

Il pleut sur les bourgeons des chênes assoupis,
Il pleut au fond des combes,
Il pleut comme il fait nuit,
Il pleut et moi je tombe !

Et moi je tombe...

Il est passé le temps qui vient de loin,
Il est passé soufflant sur mes chemins,
Il est passé couché dans cette nuit,
Il est passé et je m'enfuis !

Et je m'enfuis...

Il neige sur le fleuve brun et ses eaux en furie,
Il neige des tourbillons portés par le vent gris,
Il neige malgré la nuit,
Il neige et moi je vis !

Et moi je vis...

Il chante le poète chauffé par le soleil,
Il chante et tout s'éveille,
Il chante quand vient la nuit,
Il chante et moi je prie.

Et moi je prie...

Il meurt l'amour si nul ne le pétrit,
Il meurt autant qu'en emporte la vie,
Il meurt aussi quand l'envahit la nuit,
Il meurt et moi je crie.

Et moi je crie...

Il bat le cœur d'où renaît l'espérance,
Il bat ce doux tempo de délivrance
Il bat pour t'aimer à minuit
Il bat et moi je reviens à la vie.

Et moi je reviens à la vie...

Je ne sais plus

Tout est gris dans le soir, même l'âme du temps,
Tout est nu dans le noir et mon cœur, tout autant,
Se fait pur dans la nuit, tel un cri d'un oiseau
Appelant plein d'espoir à voler tout en haut.

J'ai trahi ma promesse, et tu m'y as poussé,
J'ai montré mes faiblesses et tu m'as accablé.
Je voulais en sortir, sauvé par ta confiance,
Tu me l'as refusée pour nourrir ta vengeance.

Je voulais revenir et tu m'as expulsé,
J'étais faible sans toi et tu m'as laminé,
J'aimais ton pauvre corps, tu me l'as refusé,
Je voulais en sortir, tu m'as humilié.

Tu as jugé mon Père, pour mieux me crucifier,
En lui attribuant ta propre lâcheté.
Si je suis comme lui et que j'ai des faiblesses,
Je remercie le Ciel pour autant de tendresse.

Je ne sais plus hélas si tu m'aimas un jour,
Car chacun de tes coups a ébranlé mon cœur.

Tu ne sus pardonner sans nourrir de rancœur
Tu ne sus pas donner sans vouloir en retour.

Tu me perds voulant être plus forte que moi,
Car tu veux à tout prix que ce soit un combat.
Quand ce n'est qu'un désert où se meurent assoiffés
Notre amour et mon cœur de ta vie expulsés.

Tu dis je t'attendrai, si tu reviens un jour.
Mais pourquoi revenir si je t'attends toujours ?
N'est pas fidélité la porte verrouillée,
Je veux être fidèle, mais pas en prisonnier.

D'eau et de sang

*Tu es là ficelée dans tes certitudes,
Cœur retranché, flanqué de murs et de fossés,
Caricature, triste béatitude
Qui ne voit pas, ni n'entend pas, le temps passer.*

*L'amour blessé, lui, continue de te chercher,
Sur des chemins où tu ne t'aventures plus
De peur de perdre pied, de ne pouvoir marcher,
Et tu ne vois plus rien, ni tu n'entends non plus.*

*Je ne sais pas pourquoi tu restes plantée là
Tu dis que tu m'attends, mais je ne le crois pas,
Je ne serai jamais un de tes fils ingrats
Car je veux te chercher, que tu viennes avec moi.*

*Mais ce destin t'effraie, car tu me crois vide
De tes désirs de paix, de jours moins arides.
Alors que je veux fuir tout ce qui n'est encore
Que routine des jours, éléments du décor.*

*La vie n'est pas un long convoi de nos devoirs,
Interminable succession et désespoirs.
Elle est d'air et de feu, de chair, d'eau et de sang,
De corps et d'âme, de joie, d'amour à pleines dents.*

Solitude

*Un amer sentiment d'angoisse
Me ronge tout le corps
Rêveries noires et monotones
De tant et tant de nuits sans fin*

*Fantômes dans mon corps
Éteignant peu à peu les flammes du désir
Mes meilleurs souvenirs
Ceux qui chantaient encore*

*Mon doux soleil est reparti
Il s'est perdu dans ce brouillard
S'est égaré beaucoup trop loin*

*Nuages abandonnés sur mon chemin
Pour cacher que la lune n'est plus
Évanouie dans le silence*

*Mais pourtant je l'entends toujours
C'est elle l'habitant de mon cœur lourd
C'est elle qui veut encore y croire
Et je l'entends surtout le soir*

Ouvrir les portes

*Ouvrons les portes du temps perdu
Derrière lesquelles sont entassés
Les souvenirs morts, les jours échus,
Qui embarrassent notre passé.*

*Ouvrons notre cœur, fermons les yeux,
Sentons, respirons l'air et le vent.
Sortons et foulons aux pieds le temps,
Allons et vivons droit dans les cieux.*

*Car la vie est là qui n'attend pas,
Ni qu'on se lève, ni qu'on soit prêt,
Pour nous proposer, sans un regret,
Jours de tristesse, jours de combats.*

*Personne ne peut les éviter,
Car ils sont placés sur nos routes
Pour nous éprouver et nous forger
Avec le marteau de nos doutes.*

*C'est dans nos peines, en vérité,
Que sont enfouis les vrais trésors,
Joie, secrets d'Amour, plus beaux que l'or,
Qui sont semences d'éternité.*

Mes mains, mon cœur

Passe le temps, reste l'amour,
Passe l'amour reste le temps !

Laissons filer un peu du temps,
Il s'en ira matin, à peine réveillé,
Le pas léger, ensoleillé,
Le cœur joyeux tel un printemps.

Passons devant avec amour,
Essartons sans regret, ronciers du passé,
Graines semées, au vent lancées,
Moissons de cœurs pour les beaux jours.

Passe le vent, reste la vie,
Passe la vie, reste le vent !

J'aurais voulu tout emporter :
Tes yeux, ta voix et ton sourire.

J'aurais aimé tout t'apporter :
Mes mains, mon cœur et son empire.

Je suis à toi, jardin secret et mains tendues,
Mes yeux, mes bras, te sont offerts,
Je te reçois, parfum discret, corps étendu,
Regard profond à ciel ouvert.

Le vent l'emporte

R/ Je n'ai plus de regret
L'amour est morte
Ce n'est pas un secret
Le vent l'emporte

J'ai rêvé d'une vie
Mais peu t'importe
Où tu viendrais aussi
Poussant ma porte

R/

Mais ton cœur est parti
Sans que tu sortes
Tu me laisses la nuit
Que tu m'apportes

R/

Je n'ai plus de désir
Ton cœur me porte
À laisser tout plaisir
Aux âmes fortes

R/

Mais je vais mon chemin
Frappant aux portes
Déposant mon chagrin
Sans une escorte

R/

Je n'ai plus qu'à partir
Tu m'y exhortes
Tu m'y pousses à loisir
En quelque sorte

R/

Partir

Saisi par le froid bleu
Au gré du vent mauvais et d'une pluie battante
Qui laissaient sous nos pas un tapis détrempé
Amas de feuilles noires tombées des branches nues
Où frissonnait mon âme
Que je sentais perdue

Je voyageais sans armes
Sur des joies éphémères
Qui devenaient amères
Quand jaillissaient les larmes

Tu savais tout mon cœur
Toi qui voulais partir
Vers un ailleurs moins gris
Je ne savais pas où

Tu m'as donné tes mots
Elle en fait chaque jour
De larges et grands sourires
Pour apaiser mes maux
Et me faire ressentir
Qu'avec elle tout est court

Le jour, les nuits
Et les dimanches aussi
Le temps, la vie
Et les paroles amies

Pour consoler mon âme
Elle me donna son corps
Je l'enlaçais encore
Pour faire d'elle une femme

Sur ma route

Vous étiez près de moi ô vous mon âme sœur,
Ballottée par les doutes, recherchant le bonheur
Vous étiez si petite, le sourire éperdu,
J'étais là près de vous, vous ne m'avez pas vu.

Vous erriez en souffrance, le regard grand ouvert,
Vous cherchiez en silence, la vie dans un désert,
L'amour en vérité, dont vous aviez si faim
Vous ne l'avez pas su, j'ai tout compris soudain.

Par amour pour les miens, j'ai élevé ce mur,
Refoulé le destin entre vous et mon cœur,
Barricade de mots et pavés de douleur,
J'ai filé droit devant, irréprochable et pur.

Mais je vous ai rejoint sans vraiment le vouloir
Quand tous ceux que j'aimais, voulurent décider
Ce que serait ma vie lorsque viendrait le soir
Où je ne pourrais plus ni marcher ni chanter.

Et je les ai perdus, ils m'ont jeté dehors,
Me laissant seul et nu, passé par-dessus bord,
Père et Grand-Père déchu, selon leur jugement,
Où je ne suis plus rien et je n'ai plus d'enfants.

Mon chemin continue, vous en êtes l'éclat
Qui éclaire mes nuits d'une profonde joie
Douceur et bienvenue promesse du soleil,
Caresses de la vie qui doucement s'éveille.

Cœur perdu

Bonjour tristesse, bonjour mon âme nue
Comme deux sœurs vous bercez mes chagrins
Cœur fatigué, battant entre vos mains
Ailes brisées qui ne voleront plus.

Oiseau blessé qui ne veut pas guérir
Sinon là-haut pour célébrer sans fin
L'amour vainqueur qui ne fait plus mourir
Le temps perdu fleurissant nos chemins.

Vous m'avez vu quand tristement j'errais
À cœur perdu vous m'avez accueilli
Regard ému qui transperça ma nuit
Geste tendu vous donnant à jamais.

J'ai pris, j'ai bu tout ce que vous donniez
À corps perdu vous m'avez tout offert
Et j'ai tout pris vous sortant de l'hiver
Printemps béni, joie que vous désiriez.

Matin seul

Sourires apparents sur des masques de bois
Se cachent les chagrins sous un semblant de vie
Qui ne trompent jamais pas même la raison

Quand je suis vraiment seul que je suis en émoi
Que je me sens passer du rire sous la pluie
Aux larmes des regrets d'un océan sans fond

J'ai besoin de toucher le son de votre voix
La musique des mots qui chantent vos envies
Les soupirs de bonheur de votre corps profond

Quand

*Quand ma solitude se fait manteau de nuit
Elle revêt dans le soir son vieux rideau de pluie
Je la sens sur ma peau parcourue de frissons
Je la sais dans mes yeux et dans leur ciel profond*

*Quand je veux échapper à l'angoisse du jour
Qui ne me lâche pas et me ronge toujours,
Je la sens qui se plaît à m'étreindre sans fin
À vouloir rester en devenant parfum*

*Je te tiens tu me tiens quand je chante la vie
Que je pleure ou je ris comme font les enfants
Pour risquer dans un cri qu'ils vous aiment vraiment*

*Tu me vois je te vois et cela nous suffit
Pour repousser la nuit et lancer tout là-haut
Un je t'aime présent bien plus fort que nos mots*

BOUTS DE CHEMIN vers l'éternité

II Errance

*L'errance est sœur de solitude,
même au sein d'une foule...*

Poids des jours

Libérons-nous des maux pour aller de l'avant,
Marchons sur les chemins éloignés de nous-mêmes,
Allons où nul ne va, jamais sans un poème,
Mettons les armes bas et allons droit devant.

Vos yeux cherchent les miens, mais il fait déjà nuit,
La lune s'est enfuie on ne voit plus sa face,
Elle laisse seuls et nus, nuages devenus gris,
Des lueurs estompées, mes désirs qui s'effacent.

Vous êtes endormie tandis que ce vent passe,
Rien ne cesse jamais, mais seul le temps nous lasse,
Et nul ne sait pourquoi, s'il doit mourir un jour,
Nous ne savons pas quand, ni pour quel poids d'amour.

Je marche, je tombe, personne ne le sait,
Au bout de ce combat il y a mon retrait,
Pour vous laisser ma vie en vue du long silence
Qui entra dans mes yeux au sortir de l'enfance.

Car il me faut aller chercher la vérité,
Au fond de vos yeux purs, au bord de chaque peur,
Là où s'enfuit le vent et s'attachent les cœurs,
Sur les monts dénudés où naissent les pensées.

Je recherche l'amour, je pensais le trouver,
Aux lèvres de la nuit, aux rives de velours,
Sur ton corps endormi, où je venais rêver,
Que tu m'aimais encore, malgré le poids des jours.

Le laminoir

Je n'en peux plus de cette vie,
Je ne veux plus aller ainsi :
Tout est devoir, tout est raison,
Tout est pesé, mais rien n'est don.

On fait semblant d'aimer les uns,
On les poignarde dans le dos,
On salue les forts et les beaux :
Un seul modèle, un seul chemin.

Toute autre voie est ineptie
Tout autre choix est diablerie.

On se conforte, on se soutient,
Malheur à ceux qui ne veulent pas
Plier l'échine, marcher au pas,
On les écarte, on s'en souvient.

Je suis lassé des faux modèles
Des laminoirs à différences
Que l'on impose au nom du Ciel,

Pour mieux masquer la suffisance.
L'appel des cœurs est bien plus fort
Que nos chimères et nos décors.
L'Amour est là qui nous attend,
L'Amour est pur qui nous entend.

Il est plus grand que nos pouvoirs
Il est plus beau que nos avoirs.

Tout est à lui, tout est pour Lui
Tout lui revient, car il est tout
Il ne veut rien d'autre de nous
Qu'un peu de foi, d'amour gratuit.

Je pleure encore, il m'en souvient !

Marchent les jours, marche le temps,
marchent les gens !
Nul ne sait quoi, nul ne sait qui, nul ne sait quand !
Tout est vivant, tout est présent, tout est pour nous !
En voulons-nous ? En parlons-nous ?
Qu'en faisons-nous ?

L'interminable litanie des maux humains
Que nous avons voulu nommer roue du destin,
N'est qu'illusion des apparences et jalousie,
Elle est moins grande et moins joyeuse que la vie !

Quitter les vers
Pour libérer leur écriture.

Quitter l'envers,
Pour retrouver l'endroit.

Quitter les règles
Pour en secouer la poussière.

Quitter, mais pas haïr,
Ce serait trop ingrat.

Car, c'est toujours dans les règles
Qu'on justifie le droit
De livrer les combats
Pour éprouver la foi.

Quitter ! Quitter !
Mais, pas abandonner.

L'abandon c'est le vide !
Qui attire le manque...

Le manque ne peut être rempli
Que par un trop d'amour,
Qui nous permet de rire
Des pièges de la vie
Et nous invite à aimer !

Ma tête est vide,
Mon cœur est plein.

Je sens les jours arides
Et je pleure soudain...
Plus rien n'existe !
Plus rien ne tient !
Je ne sais plus à quoi j'assiste
Mais je T'entends qui viens...

Plus Tu t'avances,
Moins je retiens
Ce qui fait ma souffrance...

Je pleure encore,
Il m'en souvient !
Je voudrais être entre tes mains...

Vertige

Un étrange vertige s'est emparé de moi,
Mon âme est secouée, serrée par la ténèbre
Pauvre cœur alourdi, bercé d'un chant funèbre,
Usante mélopée, obsédant cri d'effroi.

Je passe nos années au crible du vieux temps
Pour y puiser encore désir et sentiments,
Pour savourer toujours ton visage si doux
Et frissonner debout, en effleurant ta joue.

Las, tu ne veux de moi que pour gagner ton ciel,
En me soignant ici, tu veux être éternelle,
Quand mon esprit me dit que ce n'est pas ma voie,

Que je dois encore vivre pour un acte de foi,
Qui donnera l'amour au prix de ma souffrance
Pour une âme restée au pays de l'enfance.

Lâcher prise

*Au fond du fond, au ciel du ciel,
Au cœur du cœur, dans l'arc-en-ciel,
Sans le savoir, sans le pouvoir,
Il y a l'Être, le sans avoir.*

*Je veux le dire pour supporter
Je dois le faire pour avancer,
Je dois me taire pour respecter
Mais je dois rire pour soulager.*

*Il est difficile d'aimer
Sans trahir, sans faire pleurer.
Mais il est facile de plaire,
Avec un sourire et de l'air !*

*Vouloir aimer c'est l'aventure,
Savoir aimer, ce n'est pas dur,
En lâchant tout, sans abandon...*

*Car, tout est là... au plus profond !
Au fond du fond... au cœur des jours,
Il y a la Joie... Il y a l'Amour !*

La clé

C'est par de minuscules fêlures de l'âme
Que s'écoule goutte à goutte
Notre vie rouge sang qui abreuve les flammes
Pour qu'elles tracent nos routes

C'est par un invisible petit chemin étroit
Que passent les journées
Les grandes et les belles, mais aussi les sans joie
Et nos erreurs humaines toujours à racheter

C'est par un tout petit judas sur la porte des êtres
Que les cœurs en souffrance peuvent être contactés
Il n'y a pas de verrou, mais de simples fenêtres
Dont les yeux sont la clé

Derrière et devant

C'est derrière des rideaux qui sont souvent épais,
Que nous nous efforçons de traquer nos chimères,
Et tout le temps perdu au cœur de nos galères,
Que nous pensons toujours, être les vrais sujets.

C'est derrière les idées que naissent les rancœurs,
Nous les pensions lavées, mais elles font bien exprès,
De courir avec nous pour rencontrer l'après,
Que l'on voudrait serein ou tout du moins meilleur.

C'est derrière et masqués que vivent les regrets
Que nous pensions mort-nés, mais habitent toujours
Les jardins de l'enfance ou les blessures d'amour.

C'est devant et ici que se tient le secret,
Que se trouvent la joie et ses fruits désirés :
Face à face des cœurs, Paix et sérénité.

Creuset

Il est des matins noirs où l'on reste joyeux,
Malgré les mots blessants et les regards envieux.
Il est des soirs tristes où l'on reste debout,
Malgré le poids du jour, la peur et le dégoût

Sur les chemins étroits par où l'on avance,
Soutien des égarés et routes des errants,
Il est au fond de nous des souvenirs d'enfance
Que l'on garde à jamais, car ils sont hors du temps.

Ils habitent en nous, tels un chuchotement,
Soufflant aux cœurs blessés qu'il est plus important
De rester grand ouvert dans un élan de paix,
Que de savoir quoi faire, dans un silence épais.

Caché dans ce creuset où sont fondues nos âmes,
Ce lieu tenu secret où réside la Flamme,
Que nous avons reçue pour éclairer d'amour
Les moments difficiles et les choix sans retour.

Corps et cœur libérés

Mon vieux corps fatigué, tel un meuble branlant,
Et mes bras alourdis, brassant du mauvais vent,
Remplissent mes pensées d'un tas de mots perdus,
Qui remettent sans fin mon pauvre cœur à nu.

Il est mort mon désir, saura-t-il reverdir
Pour me faire lever et chasser ces cafards
Qui se cachent la nuit dans un lit de brouillard,
Devenu le linceul de mes noirs souvenirs ?

Mon cœur bat, se débat, et l'angoisse m'étreint
Tel un étau d'acier qui me serre sans fin,
Car, je suis écrasé, laminé par ces jours
Qui ne cessent jamais de passer tour à tour.

Mon esprit altéré est couvert de rosée,
Douces larmes d'amour que tu as déposées
Pour tenter de calmer, délicate tendresse,
Mes accès de douleur, de tes tendres caresses.

Je ne suis aujourd'hui qu'une pâte d'argile,
Déposée dans tes mains par mon âme fragile,
Je l'attends cet instant où je serai vaincu
Corps et cœur libérés, car tout sera connu.

Terre et Ciel

Je veux me laisser regarder
Par la tendresse de mon Père,
Lui seul peut alors me sauver,
Si je lui offre aussi ma chair.

Abandonné d'amour pour en toucher le fond,
Je dois ouvrir mon cœur pour aller plus profond,
Là où se tient l'Esprit qui voudrait bien remplir
Mon misérable corps, pour lui appartenir.

Routes toutes pavées de bonnes intentions,
Chaussées qui sont dallées de mauvaises raisons,
Il n'est aucun accès, aucun sentier battu,
Pour aller jusqu'au bout, ni pour être rendu.

Je n'irai pas plus loin sans une main tendue,
Nul chemin ne convient si je ne suis vaincu,
Si mon cœur éperdu ne se laisse broyer,
Si mon âme blessée ne se fait piétiner

Me laisser dépouiller pour que mes yeux te voient,
Je sais que Tu feras de mon péché Ta joie,
Toi seul peux accomplir ce miracle d'amour,
Toi seul peux me guérir pour aimer au grand jour.

Il n'est
Il est

Il n'est de liberté qui ne soit menacée,
Il n'est de vérité qui ne soit exigée,
Il n'est de parole qui ne soit entendue,
Il n'est de sourire qui ne soit éperdu !

Il est pur l'arc-en-ciel entre deux cœurs aimants,
Il est chant du matin sous la voûte des cieux,
Il est joie du soleil tout au fond de tes yeux,
Il est secret promis à tous les vrais enfants !

Il n'est de contretemps qui ne soit un appel,
Il n'est de vraie souffrance qui ne soit violence,
Il n'est de jouissance qui ne soit une offense,
Il n'est de cri d'amour qui ne soit éternel !

Il est nu le désert balayé par le vent,
Il est lourd le silence qui l'habite soudain,
Il est vif le printemps qu'il engendre demain,
Il est fort le parfum de l'été flamboyant.

L'art est un cri

Il n'est de cri qui ne soit fort
Que dans le silence intérieur.
Il n'est chez Lui qu'en notre cœur,
Hôte très doux en notre for.

Il n'est de véritable amour
Qui ne nous rende meilleur,
Mais, nous vivons serrés de peur,
Le poing fermé, trop loin du jour.

Donner sa vie, s'offrir soi-même,
C'est affranchir tous ceux qu'on aime,
D'un cri d'amour à un appel.
Mourir à soi rend éternel.

Les œuvres d'art sont gouttes d'eau,
Talents reçus d'un cœur enfant,
Immensité d'un océan,
Éternité du chant du beau.

Mais, quand tu ouvres grand ton cœur,
L'instant présent devient immense,
Il te revêt de vérité,
Pour mieux te garder en enfance.

Ainsi va la houle des jours,
Ainsi roulent les flots d'amour,
Je ne suis déjà plus le même,
Quand ton œuvre me dit : je t'aime !

Fatigue

*Une immense fatigue m'étreint
Et me ronge lentement.
De toute chose désirable elle m'enlève le goût.*

*Goutte à goutte, jour après jour,
Mon âme vidée de désir,
Ne sait plus comment aller de l'avant.*

*Las, épuisé, immobile,
Mon esprit semble vouloir se taire
Et mon corps s'allonger sur la terre.*

*Le vide remplace la nuit
Et le néant le silence.*

*Je ne sais plus où se rendent mes pas
Ma tête elle-même ne sait plus dire où elle s'en va.*

*Feuille morte de mon automne,
Houspillée par le temps, ma plume monotone
Ne virevolte plus, sinon pour soulager sa peine.*

*Elle ne sait pas encore que prise par la rosée,
Demain, elle ne bougera plus.
Piétinée sur le sol, il n'en restera rien !*

À moins que des paroles d'amour,
Soufflées par votre cœur ardent,
Ne lui donnent à nouveau
L'envie et le désir
De vous offrir sa vie
Trempée dans l'encre rouge
De votre amour brûlant.

Vieille compagne

Solitude, ma sœur aride
Tu vis en moi, dans mon désert,
Où je ne suis qu'un petit marin solitaire
Ballotté sur les flots nus de ta mer noire bordée de vide.

Vieille compagne quand tu me tiens
Tout angoissé, souffle coupé, par mes ailes brisées,
Je me sens loin de tout, abandonné,
Cœur en exil dans un monde qui n'est pas le mien.

Triste maîtresse tu veux ma peau
Tu crois déjà jouir de mes vieux os
Mais de moi tu n'as que des larmes
Et tu n'auras bientôt plus rien
Que poussière de cendres éparpillées au loin.

Je veux que tu le saches à jamais :
Mon âme n'aura pour toi pas le moindre regret
Car, chaque fois que tu me fis souffrir
L'Amour puisa dans son cœur l'eau vive qui me fit rejaillir.

Mon kiné

Les mains de mon kiné sont habitées de paix
Il en fait ses amies dont il est le regard,
Pour soigner chez chacun sans trahir de secret
Tous les maux bien cachés qui font broyer du noir.

Les yeux de mon kiné sont toujours étonnés
Que mon corps malmené soit si peu écouté,
Il me dit peu à peu de penser à demain
Qu'il sait beaucoup plus dur et veut chasser au loin.

Le cœur de mon kiné recherche l'harmonie
Il combat corps à cœur tout ce qui est souffrance
Il veut que chacun soit un porteur d'espérance.

Mon kiné a un fils, enfant rempli de vie,
Sur qui chaque matin, il pose des baisers,
Douceur d'un amour fou et rituel sacré.

BOUTS DE CHEMIN vers l'éternité

III Patience

La patience est sœur et fille de l'amour

Cœur nu

Mon cœur est nu ce matin,
Revêtu de tristesse,
Assoiffé de tendresse,
Ballotté par son destin.

J'ai dépouillé mon âme,
J'ai brûlé à sa flamme,
Tous les bois sans avenir,
Tous les projets sans désir.

Immensité, merveille,
Dans les rayons du soleil,
Il est aussi pour toujours,
Don total du pur amour.

Douceur et félicité,
Délivrance du pêcheur,
Libération pour les cœurs,
Chaleur, joie, vérité.

Cœur fou

Quand malgré mon cœur fou vous m'avez accueilli,
J'ai senti tout à coup, que renaissait la vie.

Un monde tout entier s'est alors libéré,
Chimères sans château, rêves non désirés.

J'ai vu dans vos grands yeux, j'ai su par votre voix
Que chacun de mes mots provoquait un émoi.

J'ai lu dans vos pensées et reçu de vos mains
Le don de nous aimer pour tracer un chemin.

J'ai frôlé votre joue comme un frisson d'amour
Emporté par le vent à la tombée du jour.

J'ai saisi votre corps, l'ai serré dans mes bras
Il se fit tout à moi et parfum délicat.

Je me suis enivré de nos plus fous désirs
Jusqu'au petit matin de nos plus doux plaisirs.

C'est au lever du jour quand dorment les chagrins
Que l'Amour nous donna de ne plus faire qu'un.

Je voudrais si tu veux

Je voudrais devenir comme un petit enfant
Et courir me cacher, me blottir dans tes bras
Où vaillant chevalier je défierais le temps
Ce terrible dragon qui détruit tout éclat

Je voudrais revenir, retourner vers le ciel
Et tout laisser tomber qui ne soit éternel
Les larmes de tes yeux, la rosée du matin
Ton petit pas tranquille, les oiseaux du chemin

Je voudrais te bénir, malgré le poids des ans
À peine quelques soupirs de nos meilleurs instants
Un peu de ton sourire dans les moments heureux
Un soupçon de désir de ton cœur merveilleux

Mais, je voudrais partir pour cacher la misère
Qui ronge lentement, mon corps et ma raison
Si je ne peux guérir que je sois solitaire
Pour un chant solidaire puisé dans l'oraison

Car je voudrais finir mon parcours ici-bas
Sans peser sur les miens, sans un dernier combat
Sauf à pouvoir offrir un air de sainteté
Afin qu'il vous libère, car vous êtes aimés.

Flamme

Il fait doux ce matin, il fait clair dans mon cœur,
Défilent les chalands le regard affairé,
Vers les pauvres rangées des trésors de greniers
Qui appellent muets à trouver le bonheur.

Tu es là dans mon cœur, tu t'agites soudain
Quand du bord du chemin un regard bienvenu,
Transperce d'un éclair mon esprit mis à nu
Qui sourit et poursuit pas à pas son destin.

Nos deux êtres savaient devoir se rencontrer
Aux hasards de la vie, sur des sentiers pentus,
Non loin des matins gris, à l'abri des refus,
Nos deux âmes voulaient se lier pour aller.

Il fait chaud dans le ciel, au-delà des nuages,
Sur ta peau, dans tes yeux et sur ton doux visage.
Il fait beau dans mes rêves caressés par le vent,
Il fait loin sur la grève de l'océan du temps.

Quand tu marches devant pour ouvrir une voie,
Quand tu souris tout haut, pour chanter ton émoi,
Quand je sens palpiter et vibrer cette flamme
Qui habite ton corps et fait belle ton âme.

Chant d'éternité

Sous les ponts enchantés où vivait le passé,
Adossé sur le temps des souvenirs échus,
Portés par le vent gris de mon cœur éperdu,
Je cherchais sur tes pas nos destins enlacés.

Tu riais de mes mots sous les porches chenus
Que les parfums du jour, habillés de toujours,
Étalaient en murmure dans les bois alentour,
Chuchotements d'espoir des chagrins mis à nu.

Quand le sous-bois se tut, que ton rire fut loin,
Que la nuit toute nue dans mes mains se blottit,
Le silence reprit, me jetant son défi.

Ton sourire éternel, mon unique besoin,
M'emporta vers le Ciel pour que nous y chantions
Ce qui n'a pas de fin, l'amour et sa passion.

Choix de vie

*Lentement résonnait le clocher du village
Chaque coup gravement appelait ton visage
Tout mon être chantait, vibrato de mon corps,
Que mon âme t'offrait pour que tu m'aimes encore.*

*Je souffrais en silence, jour et nuit, tragédie,
Mais mon cœur en enfance, trahison abandon,
Balayait les offenses, conventions, opinions,
Ranimait la confiance, voix amies, choix de vie.*

*Je t'attends, tu m'attends, nous aurons bien souvent,
Chaque jour, chaque nuit, pour nous offrir ainsi,
Tout le temps de nos vies, nous les voulions aussi,
Pour qu'ils soient les enfants de l'amour et du vent.*

*Il n'est rien ici bas qui ne soit aussi beau
Que l'amour souverain qui ne lasse jamais
Car il a le pouvoir d'emporter les regrets
De garder les espoirs pour qu'ils restent là-haut.*

Offert

Celui que vous aimiez sans même le savoir
Depuis déjà longtemps, au bout de vos déserts,
Au cœur de votre nuit, aux confins des enfers,
Va chasser loin de vous tous ces regrets du soir.

Et vous pourrez enfin demeurer avec lui
C'est aussi ce qu'il veut, Il vous l'a dit un jour,
Car son désir est grand, il le sera toujours,
De se tenir en vous et d'être votre Ami.

Alors que vous pleuriez, blessée par vos errances,
Il s'avançait déjà, espoir d'un Ciel ouvert,
Vraie douce promesse et joie d'un cœur offert.

Tous les chemins d'amour sont pavés de souffrance
Car c'est par la passion qu'ils mènent à bon port,
Il faut mourir à soi pour traverser la mort.

Chant d'espoir

*Doux amour me voici
Bien vivant, mais meurtri.*

*Votre tendresse est mon bouclier
Car je viens, dépouillé, rejeté,*

*Cœur meurtri, bouillonnant,
Incompris, confiant.*

*Doux amour je suis là
Blessé dans ce combat.*

*Tout en douceur, rempart de mon cœur
Votre main bercera ma douleur.*

*Chant de vie, pour toujours annoncé,
Laissons là le passé incrusté
Les vieux jours sur les cœurs enkystés
Chant d'espoir, chant du soir, envolés.*

Avant qu'il ne soit tard

Tout contre moi blotti, votre corps éperdu
M'invitait à entrer dans son jardin secret.
Il fleurissait la nuit pour être plus discret,
Il s'offrait d'un élan tel un arc tendu.

Par mes mains caressé dans le lever du jour,
Il n'est pas un endroit, pas un instant non plus,
Qui ne fut de bonheur dans la vallée perdue,
Lueur dans vos grands yeux et petits riens d'amour.

Il n'est pas un soupir que je n'ai provoqué,
Il n'est pas une nuit où je n'ai désiré
Vous serrer dans mes bras, vous aimer d'un regard.

Avançons sans regret pour sortir de nos nuits
Et le cœur libéré, éclairons toute vie
Pour y semer encore, avant qu'il ne soit tard.

Avec vous

Que j'aime regarder dans vos yeux languissants
Cet appel d'un soleil naissant
Qui caresse les corps et réchauffe les cœurs

Qu'il est bon de sentir votre désir brûlant
Apparaître au grand jour avec tant de douceur

Ah que j'aime sans le moindre regret
Ces petits souvenirs
Façonnés dans l'argile de nos vies
Dont ils sont les plus tendres secrets

Je voudrais m'endormir à jamais ici bas
Recevoir doucement votre corps dans mes bras
M'envoler sans un bruit
Appelé avec lui

Venir me blottir contre vous
Confier à mes mains des messages si fous
Qu'ils dépassent les mots de tous mes chants d'amour

J'aime sentir dans un profond sommeil
Cet appel au réveil
À m'unir avec vous pour toujours

Ah que j'aime ma mie ce parfum de bonheur
Vos soupirs petits cris qui me disent merci
Petits mots chuchotés qui éclairent la nuit

Du désir à l'amour

Du désir à l'amour il n'y a qu'un seul pas
Je l'ai vu dans tes yeux qui le lisent en moi
C'est le la de ton cœur qui frémit dans le mien
Ce frisson de mon corps qui attire le tien.

Du désir à l'amour il y a toi et moi
Tu m'attends et me pries d'allumer la flamme
Que ton for intérieur où se tient la femme
M'abandonne soudain dans un seul toi et moi.

Du désir à l'amour tout est beau tout est pur
La création debout bénit son créateur
Par des cris, des soupirs, des chants, des murmures
Pour le louer encore et lui donner son cœur

Du désir à l'amour tout est cruel et nu
La création se perd dans les sables mouvants
Du désert des jaloux où de tristes enfants
Crucifient les vivants et les âmes perdues

Du désir à l'amour tout est fou, tout est nous
Du désir à l'amour, c'est la vie qui se joue
C'est l'attente des jours
C'est la soif d'un toujours.

Un matin de douceur

Quand l'astre du matin encor tout engourdi
Découvre votre corps qui s'éveille soudain,
Vous sentez bon la nuit au plus profond du lit,
Tel un joyau exquis dont il serait l'écrin.

Quand vos mains doucement se posent sur mon dos,
Et connaissent bientôt le moindre de mes os,
Je sens monter en vous, timide mais joyeux,
Le désir de montrer vos trésors merveilleux.

Ils font monter en vous douceur et tendresse,
Vos plus profonds soupirs, le bonheur espéré,
Que je veux vous offrir, pour enfin balayer,
Souvenirs sans amour et jours de tristesse.

Le jour qui s'est levé à l'appel du soleil,
Aux claires-voies se tient pour chanter le réveil,
Les baisers désirés, à foison déposés,
Sur votre peau aimée, par les rayons dorés.

Sourire de vos lèvres, clarté de vos regards,
Vous avez disposé sur nos chemins amis
Tout ce que fait l'amour pour accueillir nos vies
Tout ce que vous offrez pour engendrer l'espoir.

Jardin secret

Sur le seuil accueillant de ton jardin secret,
Parfumé de bonheur et fleuri de sourires,
Tu m'ouvris grand ton cœur frémissant de désir,
Sous le soleil ardent ignorant les regrets.

Les lilas embaumaient le ciel et les chemins,
Doucement caressés par la brise du temps
Qui restait suspendu sur les lèvres du vent,
Dévorant de baisers, les rosiers de tes mains.

Sur les prés habillés d'un vert cru bourdonnant,
Joyeusement peuplé d'insectes butinant,
Se posaient en douceur sur l'écrin de velours,
Les coquelicots nus aux couleurs de l'amour.

Le sol lourd sous la pluie, fleurait encore la nuit,
Discrètement blottie sous les grands frênes gris
Qui laissaient échapper, aux premières lueurs,
Timides envolées, les mésanges en fleur.

J'ai entendu rire mon âme dans tes yeux,
Quand tu la pétrissais, argile dans tes mains,
Que tu me façonnais, à l'image du tien,
Avec tout ton amour, un cœur pur et joyeux.

Je te veux ! Tu me veux !

Je te veux jour et nuit, comme l'air et le feu !
Je te veux sans un bruit, ainsi passe le temps !
Je te veux dans ma vie, comme coule le sang !
Je te veux pour ce Oui tout au fond de tes yeux !

Il est beau le printemps qui jaillit des fossés,
Il fleurit tous les cœurs sur un lit de chansons.
Il est dur le sentier des étroites pensées !
Il verrouille les cœurs au nom de la raison.

Tu me veux tout entier sans habit ni fortune !
Tu me veux dans ton cœur comme un rayon de lune !
Tu me veux sans un mot, sauf un oui dans les yeux !
Tu me veux sans détour jusqu'au bout d'un adieu !

Nous irons aussi haut que voudra le soleil
Aussi loin que ton cœur et le mien s'émerveillent
Je te veux, tu me veux, chant d'un jour essentiel,
Tu me veux, je te veux, tel un arc dans le Ciel.

Tes lèvres

A tes lèvres suspendu,
Mon regard se balançait,
Puisant dans tes pensées
Tout l'amour et l'inconnu.

Sur mes lèvres tu as bu,
Frémissante de douceur,
Des rasades de bonheur,
Jaillissant de mon insu.

Sur tes lèvres bienvenues,
Délicates fleurs de mai,
Du printemps et son muguet,
L'amour fou j'ai reconnu.

Par ta bouche bienvenue,
Jardin secret de nos nuits
Doux sourire, tendre mie,
J'ai goûté ton âme crue.

Par mes lèvres tu reçus
Au-delà de ton ciel gris
Tout l'azur d'une autre vie
Du soleil à pleine vue.

Dimanche matin

Le calme du matin reposait sans un bruit,
On entendait pourtant respirer la grand-rue,
Qui se laissait aller sous les pas réjouis
Des enfants du printemps tout de frais revêtus.

Le clocher résonnait, éparpillant au loin
Son message de joie dans la paix des chemins.
Je t'ai touché la main pour te faire sentir
Les émois de mon cœur, mes élans de désir.

Tu m'as ouvert tes bras, corps serré contre moi,
Je t'ai offert le mien, tout blotti dans les tiens.
Le temps s'est arrêté, renonçant à son droit,
Bref instant sans compter, affranchis de nos liens.

C'est dimanche matin, il sent bon le café,
Un parfum de bonheur partagé avec toi.
C'est un jour qui est fait pour que belle tu sois,
C'est un jour en couleur, un beau jour pour aimer.

BOUTS DE CHEMIN vers l'éternité

IV Paysages et voyages

*Ils peuvent être intérieurs ou extérieurs,
ainsi que les rencontres...*

L'Aveyron

*L'Aveyron va, va et jamais ne revient.
Il s'en meurt sur ses berges aux méandres fleuris.
Il attend les fortes chaleurs,
Pas à pas, sûr de lui, il va, va, l'Aveyron.*

*L'Aveyron dort, dort, et jamais ne s'éveille.
Son haleine est épaisse,
Il renvoie et sent fort,
Pas à pas, il s'oublie, l'Aveyron écrasé par l'été fatigué.*

*L'Aveyron s'est noyé sous l'orage incertain.
L'Aveyron a vomi des eaux brunes en tumulte.
Les galets l'ont roulé par-delà son humeur.
L'Aveyron s'est noyé, vois, vois !
Il s'en va et il court, il court, mais en rond, l'Aveyron,
l'Aveyron !*

L'Aveyron dans son Noble Val

C'est le printemps et son chant des eaux claires.
L'Aveyron se faufile vers le cœur de son Val.
Il tourne et s'en retourne dans son lit, incertain.
Sur ses berges fleuries les lèvres du vent reposent.
Et l'Aveyron frissonne, jouant avec le temps.

Lumière blanche du levant, présage d'un soleil accablant.
Le barrage assoiffé
Ne veut plus caresser la chaussée du moulin.
L'eau tiède oubliée, prise par les algues lourdes,
Est devenue toute verte dans l'été flamboyant,
Mûri lentement dans les fonds odorants.

Il a plu cette nuit, j'ai entendu l'orage,
Le fracas du tonnerre, les trombes enivrées.
Le pont arc-bouté bouillonne dans les eaux sales,
Grondements sourds de troncs enchevêtrés,
De galets chahuteurs qui voudraient voyager.
L'été semble déçu de voir dans le courant
Autant de feuilles jaunes.
Prélude de l'automne qui veut déjà la place
Pour se vêtir des ors des feuillages épuisés.

Il a fait beau hier,
Le bleu profond du ciel pinçait un peu les joues.
Il gèle dur ce matin,
Tout est blanc et figé, hormis le courant sombre.
Il se joue de la glace et vient la caresser.
Le givre fait craquer mes pas,
Car lui seul a le droit de poser son manteau
Sur les berges dociles, écrin de l'hiver froid, si fort et si fragile.
En mourant, il leur donne sa beauté
En renaissant, elles offriront la leur.

La Bonnette le sait, qui dans ses bras toujours se perd,
C'est l'Aveyron qui fait encore la noblesse
du Val où Saint Antonin règne.

Le pont, l'Aveyron, la lune et le beffroi

Sur le pont d'Aveyron passent passent les gens,
Sur le pont trop étroit, souvenir hors du temps,
Sous le pont assoupi chante chante la vie,
Sous son pont l'Aveyron se complaît dans son lit.

Sentinelle debout, le Beffroi qui sait tout
Se tient droit dans la nuit, ne dit mot, ni ne prie,
Il paraît que souvent, il se met à genoux
Pour Chanter son amie qui se tient devant lui.

Douce lune adorée par ce vieux chevalier
Dont personne ne sait s'il la berce vraiment,
Ou radote parfois, par amour des enfants.

Un beffroi amoureux sous un ciel étoilé,
L'Aveyron allongée dans son val merveilleux,
La beauté d'un été sous un pont généreux.

Douceur d'été à Saint Antonin Noble Val

La chaleur douce de l'été flamboyant
Habille de ses rayons dorés
Les façades retirées et les jardins secrets.

La paix s'est posée dans le Val
Où l'Aveyron se plaît à bavarder
Avec ses rives vertes et les rochers tous nus.

Tel un arc couché protégeant Roumégous
La chaussée du moulin rafraîchie par les eaux
Murmure sous ses caresses un chant de volupté.

Libérées de leurs fers, entassées sur les rives,
Les carcasses colorées des canots en plastique
Sont couchées sur le flanc et dorment dans les prés.

Des touristes égarés arpentent la cité
On entend de gros rires en langues étrangères
Que la vieille cité se plaît à colporter.

La Halle et le Beffroi accueillent sans rechigner
Ces piétons bigarrés, venus pour tout savoir,
Qui repartent joyeux, quelques euros plus tard.

Les anciens qui observent, ont pris un air de rien,
Ils sourient des grimaces et trois petits mots polis,
Pour bien montrer leur place et la garder aussi.

Les enfants jouent et courent, jaillissant des ruelles
Dont ils font battre le cœur, tels un vol d'hirondelles
Qui crie tout son bonheur et nous en fait cadeau.

En passant par Sète

La chaleur du ciel gris écrasait le bassin,
Le soleil se cachait, mais on le savait là,
Vêtu d'azur fané, brûlant sous chaque pas
Qui se faisait pesant dès le petit matin.

Mollement étendue, la mer se prélassait,
Provoquant des frissons, le vent la caressait
Qui lui faisait plaisir en apaisant son front
Surchauffé par le temps et lourd comme du plomb.

Mon cœur las fatigué, cognait et palpitait,
Affolant mon esprit et secouant mon corps
À qui je demandais de me porter encor.

Malgré le poids du jour mon âme se dressait,
Car tout était si beau le long du petit port
Qu'elle y voulait mourir pour jouir du décor.

Salon du Livre de la ronde des artistes peintres de Mazargues

L'ombre des platanes paressait dans la cour,
Couvrant avec douceur un temps devenu lourd.
Les auteurs bavardaient, s'expliquant sur leur art,
Les uns se sentaient bien, les autres un peu bizarres.

Les visiteurs passaient, espacés, un par un,
À petits pas flottants, à regards incertains,
Tandis que je rêvais, endormi d'un seul œil,
Aux lointains océans, aux rives sans écueils.

La torpeur couvrait tout, enrobée de sourires
Qui semblaient engourdis et ne plus repartir,
Sinon pour caresser des souvenirs d'enfant.

Des passants échappés de romans hors du temps,
feuilletaient lentement d'une main passagère,
Les histoires mêlées par le vent et la mer.

Sonnet pour Monpazier en Périgord

Monpazier se réveille, sa lumière dorée
Illumine le jour et jaillit vers le ciel.
Sous le bleu soutenu, les façades de miel
Se pavanent fièrement, étalant leur beauté.

Les auteurs rassemblés sous la halle de bois gris
Déballent des cartons et bavardent entre eux,
installant leurs bouquins, soupesant leurs écrits,
Interrogeant le vent et formulant des vœux.

Reposés, détendus, les badauds nonchalants,
Avec un air lointain, s'en vont et reviennent
Tel un mauvais refrain qui passe et se traîne.

Il fait doux et serein, on ne sent plus le temps
Il est parti flâner et se plaît à le faire,
Il rejoindra ce soir la nuit et son mystère.

Mistral sur le port de Cassis

Là-haut sur la jetée mouraient les vagues bleues
Masses d'eau écroulées, déferlantes glacées,
Grondements puissants, colonnes nues dressées
S'affalant tout à coup, rejetées par les dieux.

Le vent fou balayait les quais et les passants,
Qu'il fouettait soudain de ses embruns salés
Que sans regret aucun, il aimait à lancer,
Sur ceux qui s'avançaient pour défier le temps.

Sur les mâts des voiliers on entendait cingler
Les drisses affolées des bateaux chahutés,
Implorant et priant le port froid frissonnant

Là jouait et criait, goéland triomphant,
Aux terrasses des quais, toutes toiles gonflées,
Dans le ciel bleu profond, le mistral enivré.

L'Étang rebelle

*Avec de courtes vagues écumantes,
L'Étang de Berre couleur acier
S'est rebellé avec le vent
Qui jette là, au raz de l'eau
Et dans les bras des résineux,
Ses dernières forces avant le soir,
Un ultime cri de désespoir.*

*Le ciel terni par la chaleur
Semble semer de la poussière,
Levée par quelques coups de vent
Venus salir les rues brûlantes,
Pendant que dorment les enfants
Tous épuisés par la chaleur.*

*Demain, les vents déjà vaincus
Iront se perdre sur la mer
Ils y seront tous fécondés
Par des vagues toujours bleues
Semblant errer dans un sursaut.*

*Les eaux captives de l'étang
Écrasées par le temps trop lourd
Redeviendront un grand miroir
Teinté de bleu, de gris, de vert.*

On y verra salir le ciel,
Les usines et leurs fumerolles,
Lèpre puante sur les rochers.

On sentira sur notre peau
Les particules se déposer,

Halo noirâtre et fumée jaune.

La Tremblade

*La marée sentait fort, longeant le petit port
Relâché par la mer pour quelques heures encore,
Liberté éphémère des passes ensablées,
Rides alanguies doucement caressées.*

*Le phare blanc se cambrait au milieu des pins gris,
Longs troncs noirs éveillés, redressés dans la nuit,
Appelant les grillons, musiciens éternels,
Mélodies sans chanson, emportées vers le ciel.*

*Ronce les Bains frémit sous l'impalpable vent,
Il fait doux ce matin quand je t'entends rêver,
Appelant sans un bruit la vie à se lever.*

*La Tremblade debout, posée sur le jour blanc,
Offerte sans regret, sourires généreux,
Harmonie de douceur, amour dedans tes yeux.*

Jas de Méry

La poussière blanche des chemins caillouteux
Semblait courir pour échapper au vent têtu.
Il retroussait les haies, brusquées par ses mains nues.
Il irritait le ciel dont il fanait le bleu.

Jas de Méry blotti sur ses coteaux assis,
Courbait le dos, tapi sous ses auvents fleuris :
Assourdissante vie, tourbillons et débris,
Bousculades amies, silences pleins de cris.

À l'abri de ses murs, conjurant le vent fou,
Basilic et cocos fleuraient bon le pistou,
Quand tu mélangeais l'ail en maniant le pilon.

Le mistral fatigué par le soleil du jour,
Semblait se reposer, vouloir faire un détour
Par la douceur du soir, au cœur de la maison.

Fort Saint Jean

Sous le soleil couchant au pied du Fort Saint Jean
Paressent les eaux bleues du Vieux Port assoupi.
Bercé par ce tempo, les bateaux accroupis
Clapotent leur ennui d'un faux pas nonchalant.

Saluant le couchant Saint Victor frissonne,
Son bourdon lancinant ébranle les vieux quais.
Il redit le passé lentement évoqué,
Il nous tient à cœur nu et nos âmes résonnent.

La blancheur des rochers, la lumière dorée,
Compagnes du soleil, répandent alentour
Le refrain des cigales et la chaleur du jour,
Inusables chansons au parfum de l'été.

Douceur et confidence, lumière d'un vieux phare,
Petits et grands voiliers affalent tout en un,
Au cri des goélands, au signe des marins,
Qui chantent les regrets et hantent les regards.

Au bout de la jetée, sous les pieds du Pharo,
Balayées par le soir, échappées de nos vies,
Se perdent les idées avalées par la nuit,
Signaux sur le Frioul, lueurs au ras de l'eau.

En passant par l'Étang

L'intercités filait bon train
longeant les berges de l'Étang

Ses eaux d'un vert profond
Ourlées de moutons blancs
Se grisaient des embruns
De la folie du temps

Les frêles cheminées
Des usines chimiques
Crachaient en continu
D'éphémères volutes
Et des langues de feu
Qui jaunissaient le ciel
Oriflammes puantes
Dispersées par le vent

Penchés par lassitude
Les cyprès alignés
Resserrés dans les haies
Pliaient et suppliaient
Courbés par les rafales

Et le soleil ardent
Le limon beige des eaux douces
Brouillait le bleu des eaux marines
Qui prisonnières de l'étang
Ne reverraient jamais
La liberté, ni le grand large

Immuable témoin d'un autre monde
Fait de patience et d'habitudes
La motrice empruntait les voies
de son grand âge
Avertissant au loin
Presque gênée d'indiquer son passage
Je la suivais
Conscient de faire un beau voyage
À cœur ouvert dans l'éternité du présent
Des berges de l'Étang

Carcassonne

Carcassonne !
Vous en souvenez-vous ?
Dans ma tête et mon corps, ce nom sonne :
Carcassonne !
Il n'est certes pas doux :
Carcassonne !
Mais en lui pourtant, mon cœur résonne,
Car je pense toujours à vous
Carcassonne !

Votre corps étendu qui dans la nuit se donne
Carcassonne !
Votre sourire que mes deux mains façonnent
Carcassonne !

Vous en qui les très beaux jours foisonnent
Carcassonne !
Vous dont le regard s'étonne
Carcassonne !

Mes yeux se ferment
Mon dos frissonne
Carcassonne !
Torrent dans ma mémoire
Tel un joyeux automne

Carcassonne !
Je nous y vois
Il m'en souvient
Carcassonne !
Et vous ? Belle personne
Votre âme est-elle aussi restée à Carcassonne ?

TGV

Tandis que ronronnait la turbine du train,
Je contemplais les blés mollement étendus,
Qui regardaient passer, visages inconnus,
Les passagers du vent, filant vers leur destin.

Les wagons encombrés de valises couchées
étaient pleins comme un œuf et sentaient le pain mou
La clim brassait cet air et caressait nos cous,
D'un mouvement furtif nous faisant frissonner.

Les rayons en oblique du soleil entêté,
Transperçaient notre train, réchauffant sa moiteur
Répandue dans l'espace où flottait son odeur

Le TGV fuyait, poursuivi par l'été
Qui s'étalait au loin, écrasant les chemins
Dans un étau brûlant, qui n'avait pas de fin.

Ta-tam ! Ta-tam !

Ta-tam ! Ta-tam !
Je sens taper sous mon fauteuil
Les boggies cognent et me réveillent.

Ta-tam ! Ta-tam !
Le vieux train peine, il a du mal
Il suit son chemin ancestral.

Ta-tam ! Ta-tam !
Les voyageurs morts de chaleur,
Ont les mains moites, sont en sueur.

Ta-tam ! Ta-tam !
Il fait si lourd en cet instant
La clim brasse un air puant.

Ta-tam ! Ta-tam !
Visage gras, cheveux luisants,
Relents épais de vêtements.

Ta-tam ! Ta-tam !
Sandales nu-pieds, rythme, tempo,
Mon cœur s'agite tel un écho.

Ta-tam ! Ta-tam !
Passe le train, il roule encore,
Les yeux mi-clos, je me rendors.

Autan en apporte ce vent

Le souffle puissant émanait du ciel gris
Comme le vent d'autan s'écrasait dans ma nuit,
Faisant battre mon cœur par le temps compressé,
Impossible vacarme des carreaux empressés.

Tel un cri languissant, l'air occupait le soir
De mille hurlements et de recours en grâce
Qui s'envolaient au loin, dispersant dans l'espace,
Au chemin culbuté, les mots doux de l'espoir.

Les volets combattants claquaient le long des murs,
Ils grinçaient sur leurs gonds, soumis à la torture,
De rafales énormes chavirant toute vie.

J'avais perdu le nord, je fuyais les parvis,
Tourbillon vers la mort, emporté dans les rues,
Désirs éparpillés, balayures des nues.

Les martinets

Cri ! Cri ! Cri !
Là-haut dans l'Azur
Les martinets éclatent de joie.
Il fait chaud dans le soir,
Les flèches noires en bandes soudaines
Transpercent le ciel clair.
Frissons et bruissements d'éclairs,
Coups de sabres d'ailes tranchantes.

Arcs tendus suspendus dans le vide,
Éphémères figures esquissées à grands traits.
Ballets aériens de voiliers sortis de nulle part
Sinon des hauteurs alentour et de l'éclat du jour.

Les oiseaux acrobates dansent dans le vide
Sous le regard impassible du Roc d'Anglars
Dressé fièrement sur ses falaises arides.

Cri ! Cri !
Des sifflements d'ailes acérées
Viennent frôler de caresses
Façades et toitures en détresse.

Feu d'artifice d'oiseaux en bouquets éclatants
Coups d'ailes fantastiques
Ponctués de cris stridents

Cri ! Cri !
Les martinets sont les maîtres du ciel.
Là-haut, tout en haut du Noble Val,
Ils règnent sur Saint Antonin,
Délicatement posée
Sur des lèvres fleuries.

Cri ! Cri ! Cri !

Bel oiseau

Chante, chante toujours, bel oiseau des beaux jours,
Tu ne crains pas le nord et tu reviens encore.
Chante, chante ténor, donnes nous ta voix d'or,
Tu célèbres l'amour de ton chant de velours.

Vole, vole, plus loin que nos toits citadins,
Tu survoles les eaux, tu poursuis les échos.
Vole, vole, là-haut, messager de mes mots,
Tu connais les refrains et les lances soudain.

Monte, monte, pour moi, jusqu'au ciel sans effroi,
Tu me tiens dans tes bras où pour toi mon cœur bat.
Monte, monte, déjà, car je vais où tu vas,
Tu as fait ton chez toi au pays de la joie.

Passe, passe devant, bel oiseau mon enfant,
Tu me vois et tu cries pour m'y mener aussi.
Passe, passe, ami, passager de ma nuit,
Tu habites le temps, tu es l'âme du vent.

L'arbre mort

Déjà hanté par sa trop longue vie,
Debout, gris, dressé au fond d'un pré perdu,
Branches rompues, bras mutilés vers le ciel tendus,
Balançoire brisée par des enfants aujourd'hui disparus,
Le vieil arbre tout nu sifflait sans retenue,
Séduit par les caresses des bourrasques nocturnes,
Qui passaient en frissons protégées par la nuit.

Vieux solitaire épris de solitude,
Pour mieux se croire en vie,
Il chantait faux, selon les buissons de la haie,
Dont les feuillages malmenés
Chahutaient bruyamment,
S'attribuant les mérites de leur jeune innocence
Depuis longtemps perdue par le vieux tronc meurtri.

La lune jouissait, aimée par ses amis,
Elle moquait sans pudeur les plus vieux souvenirs
Qui s'ils bougeaient encore,
Croyant échapper à la mort,
N'avaient plus rien à dire,
Sinon ce que criait le vent,
En allant et venant, mi-mort, mi-vivant.

Froid

Poussée de froid dans un petit matin glacé
Où le temps clair éblouissant de netteté
Chassait la nuit d'hiver lovée dans les vallons
Vêtue de blanc, de bleu, cachée dans les buissons.

Le froid pesait sur mes épaules tel un fardeau
Je le sentais, le long des bras sous mon manteau.
L'air était sec, mon cœur peinait pour avancer,
Je me traînais, pas rapprochés, gorge serrée.

Les jours heureux passaient indifférents et gais
Ils questionnaient le temps dans un pesant silence
Ils cherchaient un pourquoi au creux de mon enfance
Là où j'avais caché ce qui me fait pleurer.

Le froid mordait à pleines dents mon cœur blessé
Mais il ne pouvait pas toucher tant de douleur
Ni tout l'amour offert, ni les mots de douceur,
Que serré dans vos bras j'aimais à prononcer.

Au fur et à mesure que pénétrait le froid,
Mon âme descendait au plus profond de moi
Dans l'abîme intérieur dont je n'osais sortir
De peur de réveiller quelque mauvais désir.

Pluie

De nouveau la pluie se fit entendre
De l'autre côté des carreaux.
Je regardais les gouttes descendre en toute hâte,
Former de grosses larmes,
S'affaler tout à coup en sanglots ruisselants,
Pour s'en aller mourir
Sur l'appui des fenêtres.

L'averse généreuse me traversa tout entier,
Le corps, le cœur et même la pensée.
Elle s'en alla mêlée de feuilles sèches noyées,
Dans les coulées soudaines qui ravinaient le sol.

La fraîcheur de la pluie pénétrait toute chose,
Faisant du jour brûlant un souvenir lointain,
Déjà remisé dans un coin oublié par le temps,
Refuge des passants pourchassés par les vents.

Que j'aime ces ondées bienfaisantes,
M'envoler avec elles où nul ne peut monter,
Parcourir le ciel où tout m'est familier :
L'amour,
La vie,
La mort,
Et même l'Éternité.

Sous le manteau de la nuit

Le manteau de la nuit est fait de silence.
Dans ses poches profondes dorment les clés du sommeil,
Un mouchoir pour essuyer les larmes,
Une pierre de lune.

Des poussières d'étoiles
Scintillent sur son col de velours.

Les pans de son manteau forment une cape
Où la voie lactée aime à se cacher.

S'en échappent parfois,
Vivement secouées,
Des étoiles filantes
Au sillage de feu.

Suspendue dans le noir,
La lune solitaire
Revêt son manteau blanc,
Pâle lueur sous les lanternes des ruelles
Où chuchotent en cachette
Les plus vieilles maisons.

Elles racontent leur histoire,
Des secrets oubliés
De l'antique beffroi
Et de la vieille cité.

Ce compagnon les tutoie.
Il aime bavarder et se pencher vers elles.
Il regarde filer,
Seule concession à la modernité,
Entre ses jambes arquées,
Un chapelet de lumières dorées.

Chaleur

Il ne tombait plus une goutte
Sous les rayons ardents
Où le bleu de l'azur
Devenu sale et gris,
Laissait filer le temps
Que balaierait le vent.

La vie semblait être partie
Vers un ailleurs caché
Que trahiraient peut-être
Des bouquets d'odeurs fortes
Dont les relents souillés
Dormaient aux pieds des murs.

Nul n'osait plus toucher
Les feuilles assoiffées
Car du creux de la nuit
Dans un dernier soupir
Elles caressaient les âmes
Des fleurs toutes nues.

Je sentais sur ma peau
Le frisson de la vie
Il réveillait en moi
L'enfance et ses jours gris
Quand je souffrais sans bruit
Au milieu de ma nuit.

Cri

Cri du soir, cri du jour, quand parait le soleil,
Sur son écrin de ciel, devenu bleu profond.
La lumière qui naît revêt tout de vermeil
La futaie embrasée qui se tient sur le mont

Des pas prudents glissent sur la gelée du sol
Dont je sens le frisson se cacher sous mon col.
Mes doigts durs et serrés sont blottis, mais en vain,
Dans mes poches glacées où se tiennent mes poings

Mon âme dénudée contemple en même temps
La beauté de ces lieux, l'érable couleur sang,
La douleur de nos cœurs, nos projets d'avenir,
La candeur de tes yeux, le désir de partir.

Feuillages de l'automne et pluie de feuilles d'or,
Soupirs de la nature sur un écrin d'azur,
Là flamboie l'horizon où nous allons encore
Confier nos destins et prier sans mesure.

Filet d'eau murmurant et tissant sans répit,
Le déclin de mes jours, l'automne de ma vie,
Des trésors de beauté, long couloir vers mon sort,
Où je vais lentement, me tenant au décor.

BOUTS DE CHEMIN vers l'éternité

V Quelques surprises

*La surprise la plus réussie
est celle qu'on attendait sans le savoir...*

7 fois Sète
49

C'est beau Sète !
Je suis toujours très content de passer à Sète... même tout seul !

Combien de fois je me suis dit Sète compte beaucoup pour moi ?
7 fois ?

Je ne sais plus, mais, cette fois, en passant par Sète,
il m'a semblé que seulement 7, pour Sète, ce n'était pas assez !

J'ai eu l'intuition que ce devait être plus près de 107 que de 7 !
107 ?
C'est étrange ce nombre 107 pour Sète...

En effet, 107, même sans 7, cela fait encore 100...
Et 100, surtout avec Sète, cela fait finalement comme 107 !
Et 107 c'est assez, même si, à Sète, comme chacun sait, il n'y a pas de cétacés !

Je ne sais pas à quoi vous fait penser cette histoire
de 7 à Sète...
Moi, elle me fait penser au... tennis !

Car, c'est beau le tennis, mais pas sans sets...

Ainsi, quand au cours d'un même set, le score est de 6 jeux partout,
Le premier qui fait 7, gagne le set !
Car, au tennis, c'est assez de faire 7, même sans être à Sète !

C'est beau Sète !
Il faut que je vous dise combien Sète compte pour moi
Cette fois, cela fera recette...

7 fois Sète font... 49 !
Et comme 40 neufs, cela fait aussi 360...
Nous pouvons en conclure que 49 égal 360 !
Nul ne sait de quoi, sauf à Sète !

Quelques bruits qui courent en silence

Il n'est pas un bruit, pas un son, pas une note,
Pas un murmure, pas un chuchotement,
Pas un bruissement, pas un soupir,
Sans silence !....

Car, on n'entend le silence que s'il y a du bruit,
Sinon on ne sait pas qu'il est là !
Ainsi, plus le silence est profond, plus on l'entend.

Les impatients sont habités par le vacarme.
Ils ne connaissent pas le silence, comment pourraient-ils le garder ?
Mais attention, si vous le gardez, le silence ne vous appartient pas...

Garder le silence est-ce plus facile quand on est muet ?
Est-ce possible quand on est sourd ?
Peut-on le faire quand quelqu'un d'autre en a besoin ?

Silence ! On pense !
On ne peut penser que si l'on garde le silence,
Et on ne peut garder le silence que si l'on pense...

Garder le silence ce n'est pas le retenir !
Garder le silence, c'est lui permettre de vous habiter !
Garder le silence, pour quoi faire, puisqu'il ne peut s'échapper ?...

Garder le silence, pour rester libre !
Garder le silence, c'est un acte de foi !

Le silence est à la vie ce que la flamme est au feu.

Quand il n'y a plus que lui, il devient éternel...
Alors il meurt de solitude,
mais sans un bruit !

Silence ! Que je puisse faire un peu de bruit !

Quand tout ce que l'on fait ne fait aucun bruit c'est qu'on est mort !
Mais, la mort ne fait de bruit que chez les vivants !
D'ailleurs, les vivants et les morts ne peuvent se parler que dans le silence !

Ceux qui entendent parler les morts sont-ils vraiment vivants ?
Ceux qui ne les entendent pas sont-ils vivants pour autant ?
...

Mais, le silence n'existe pas !!!
Sinon, il ferait trop de bruit !

À moins que le silence ne soit l'écrin
sur lequel le poète pose ses mots.

Consternation !

*Dans certains cas, c'est consternant de constater
Que certains sont, ça c'est certain, très concernés,
Comme d'autres sont, ça c'est constant, des convaincus,
Des mécontents ou carrément des convenus.*

*Certains consorts déconcertants, trop empressés,
Font certains sons de constipés incompétents.
C'est sans conteste, ni condition, inconvenant
De consacrer ses convictions à compresser.*

*Nous convenons de consentir à accomplir,
Mais sans leçon, ni compassion, sans un soupir,
La convention des compétents conspirateurs,
Constellation d'incompétents consolateurs.*

*Les convenus inconsistants seront complices
Des contenus incontinents qui s'accomplissent
Sans contenir, ni consommer, de comprimés :
Conspiration, pour contester les sons primés.*

Les confettis, les confessés, les confusions...
confiscation !
Les compressés, les comprimés, les Comparés...
Compromission !
Les concentrés, les concédés, les consumés...
Consécration !
Les convoqués, les convertis, les convergents...
Conversation !
Les contiguës, les contenus, les continus...
Continuation !
Les constitués, les constatés, les constipés...
Consternation !

Contentons-nous de conter !

Petit à petit
Seconde après seconde
Minute après minute
Heure après heure
Jour après jour
Semaine après semaine
Mois après mois,
Année après année
Siècle après siècle
Millénaire après millénaire
Ère après ère
…

Le temps fait semblant de se laisser compter.
Mais, il n'en est rien, car il n'est rien !....

Nous le comptons, nous comptons dessus, mais… jamais dessous !
D'ailleurs, il ne compte pas sur nous, mais nous comptons sur lui !

Les dessous du temps sont affriolants et nous savons les compter, du moins nous le contons, car nous nous contentons de payer comptant ce qui nous rend content !

D'ailleurs, nous comptons contenter ceux qui sont tentés de conter en comptant afin de contenter tous les cons tentés de compter sans conter !

Tout le monde n'a pas l'air content ! Alors je vais me contenter pour tous vous contenter de tenter de conter le temps, comme on compte, même sans être content !

Tentons ! C'est tentant de temps en temps, de passer du temps à tenter de compter, alors allons-y car il est temps :

Statistiquement parlant, il est probablement midi sur une planète quelconque d'un système solaire quelconque, d'une galaxie quelconque, d'un univers quelconque...
Oui ! Statistiquement, c'est presque sûr !....
Mais où alors ?
...Je crois que c'est chez nous !??

Vous savez pourquoi je le sais ?

Facile ! C'est parce que l'on voit toujours midi à sa porte !....

Vous n'avez pas l'air contents. Je vous l'avais pourtant dit :
contentons-nous de compter le temps,
c'est plus facile pour tant de cons !....

Jour et nuit !

*Je ne sais pas si vous le savez, mais
des choses bizarres se produisent au coucher du soleil !..*

*En effet, non seulement la nuit tombe,
mais également le jour !....
Car, la tombée de la nuit se passe en même temps
que la tombée du jour !....*

*On s'attendrait plutôt à ce que lorsque l'un tombe,
l'autre se lève...
Mais, non ! La nuit et le jour tombent ensemble !*

*Mais, alors, pourquoi au lever du jour
n'y a-t-il pas, aussi, le lever de la nuit ?...
Pourquoi pour arriver, la nuit tombe-t-elle,
et le jour, pour arriver, lui, se lève-t-il ?*

*Et pourquoi à la tombée du jour,
où il y a aussi la tombée de la nuit,
fait-il finalement nuit ?*

En effet, il aurait pu se produire qu'il fasse jour !....

*Dans l'ordinaire de la langue Française,
au grand agacement des féministes,
le masculin l'emportant sur le féminin,
il aurait dû faire jour !*

Mais, en poésie, parce que cela fait plaisir aux femmes,
le féminin l'emporte sur le masculin...
C'est pourquoi, il fait nuit !

Et tant pis pour le jour s'il ne peut le dire en pleine nuit !
Il aura beau se plaindre au grand jour,
il restera tout seul dans sa nuit !

Si vous ne le saviez pas, mettez-vous à jour !
Vous pouvez même le faire en pleine nuit !

Tandis que vous mettre à nuit en plein jour...
Vous m'en direz des nouvelles !
Je me permets de vous signaler
encore quelques faits troublants :

Au grand jour, on ne voit pas la nuit !
Mais..., à la grande nuit, on ne voit rien du tout !

Nuit et jour, c'est comme jour et nuit !
Mais jour et jour, comme nuit et nuit,
Cela n'existe pas !

Et pour finir, pour ceux qui ne croient pa
s en la vérité de la poésie
et préfèrent s'en tenir aux faits
avec une rigueur toute scientifique,
je me permets de signaler que :

Quand en plein jour il fait nuit,
c'est parce qu'il y a une éclipse !

Et quand en pleine nuit il fait jour,
C'est juste que quelqu'un a réenclenché le disjoncteur !....

Tonton tenté

Sait-on ce que fait Tonton ?
Tonton était toqué de Tatie !

Il était très tenté de se taper Tatie, dont il rêvait de tâter les tétons !

C'est vrai qu'ils étaient tentants les tétons de Tatie... et Tonton aurait été content de pouvoir les tâter...

Mais, autant Tonton était tenté, autant Tatie n'était pas du tout tentée de se laisser tâter les tétons par Tonton !

Alors, Tonton se tâtait, car il entendait bien tout tenter pour tâter les tétons de Tatie...
Tentons ! Tentons ! Pouvait-on entendre chez Tonton !

Et Tonton tenta de tenter Tatie de se laisser tâter les tétons...
Il était, en effet, tentant de penser que, Tatie n'étant pas un thon, elle finirait par se laisser tenter de laisser Tonton lui tâter les tétons...

Pensez donc :
Tentante la Tatie !
Tentant ses tétons !
Tenté le Tonton !

Mais Tatie n'était tentée, ni de se taper Tonton, ni de se laisser tâter les tétons...

Las ! Tonton, tenté par la Tatie et ses tétons tentants, tenta, mais à tâtons, de tenter Tatie de se laisser tâter les tétons...

Il fut tapé par Tatie ! Elle fut, en effet, tentée, non pas de se laisser tâter les tétons par Tonton, ni de se taper Tonton, mais... de taper Tonton.

Moralité : Attention car, le sait-on, quelle que soit l'intention, la tentation crée des tensions chez les Taties qui peuvent taper sur les Tontons têtus attirés par les tétons tentants !

Et titontaine et titonton ! Tant pis pour Tonton !

Y a un truc dans le troc

Le troc c'est réciproque !
C'est un truc
Pour échanger un frac
Contre un vieux froc,
Sans y mettre de fric...

Ce n'est pas très pratique pour un lombric
D'enfiler un vieux froc !
Il a le trac de se tromper de trou
Ou de coincer le truc...

C'est pour ça qu'en Afrique
Où il y a beaucoup de troc, car il y a peu de fric,
Il fait très chaud sous les tropiques !

Ainsi les gros lombrics
N'ont pas besoin de froc
Quand ils ont une trique
Les Africains la croquent !

Le poète a pondu !

*Le poète a pondu
Il chante et s'enchante*

*Le poète a écrit
Il crie et s'écrie*

*Le poète est heureux
On le lit dans ses yeux*

*Le poète à tue-tête
Vous dit qu'il a écrit*

Éditeur :
Books on Demand GmbH,
12/14 rond-point des Champs Élysées,
75008 Paris, France

Impression :

Books on Demand GmbH, Norderstedt, Allemagne

Corrections et mise en page : Pierre Léoutre

ISBN : 9782322118267

Dépôt légal : décembre 2019

www.bod.fr

Avec le soutien de l'association « Les Gourmets de Lettres » 160, avenue de Grande-Bretagne 31300 Toulouse

Les Gourmets de lettres